ÉGLISE CHRÉTIENNE PROTESTANTE DES HAUTES-PYRÉNÉES.

LA VOIX
D'UN PASTEUR

ADRESSÉE

AUX CHRÉTIENS PROTESTANTS

QUI RÉSIDENT

Dans le département des Hautes-Pyrénées.

TOULOUSE,
IMPRIMERIE DE A. CHAUVIN ET Cᵉ,
Rue Mirepoix, 3.

1850.

ÉGLISE CHRÉTIENNE PROTESTANTE DES HAUTES-PYRÉNÉES.

LA VOIX
D'UN PASTEUR

ADRESSÉE

AUX CHRÉTIENS PROTESTANTS

QUI RÉSIDENT

Dans le département des Hautes-Pyrénées.

E. Frossard.

TOULOUSE,
IMPRIMERIE DE A. CHAUVIN ET Cᵉ,
Rue Mirepoix, 3.
—
1850.

LA VOIX D'UN PASTEUR

ADRESSÉE

AUX CHRÉTIENS PROTESTANTS

QUI RÉSIDENT

DANS LE DÉPARTEMENT DES HAUTES-PYRÉNÉES.

Frères,

Que la grâce, la miséricorde et la paix vous soient données de Dieu avec la vérité et la charité !

Lorsque je me suis décidé à dresser ma tente au milieu de vous, déjà depuis longtemps j'éprouvais le désir de vous réunir et de vous apporter la prédication et le ministère de l'Evangile de paix. A diverses époques, j'avais parcouru les délicieuses contrées que vous habitez ; les souvenirs que ces visites ont laissés dans mon esprit et dans mon cœur appartiennent à ma première jeunesse. Déjà, en 1821 et en 1823, j'avais assisté aux services religieux que mon vénéré père célébra à Bagnères. Plus tard, il me fut donné à moi-même de profiter de quelques excursions dans les vallées pyrénéennes, pour y prêcher la Parole de Dieu aux étrangers réunis dans les établissements thermaux ; et depuis, même au milieu des préoccupations d'une vie active, consacrée à l'un des plus grands centres du protestantisme en France, souvent je me surprenais dirigeant vers vos demeures une pensée de regret et d'affection.

Des circonstances, que je ne puis m'empêcher de considérer comme ménagées par la Providence, m'ayant permis de choisir un nouveau champ d'évangélisation, je suis venu à vous avec l'intention de dévouer à votre direction spirituelle tout ce qu'il plaira à Dieu de me donner d'activité pendant le reste de ma carrière terrestre. Résolution chère à mon cœur et fortement arrêtée dans ma détermination, autant toutefois qu'on peut le dire d'un dessein que je désire avant tout subordonner à la volonté suprême du Seigneur.

Mes premiers soins dès mon arrivée à Bagnères, en août 1848, furent consacrés à la recherche et au groupement en église de ceux de mes frères qui, épars çà et là, dans le département, vivaient dans l'isolement et, jusqu'à un certain point, dans l'abandon. Ces deux opérations importantes sont achevées; des courses multipliées m'ont procuré l'avantage de faire la connaissance personnelle de mes frères disséminés ; leur zèle empressé, joint à la protection bienveillante des autorités municipales, m'ont permis de vous réunir pour la célébration du culte public, l'instruction religieuse de la jeunesse, l'exercice de la charité, en un mot, pour tout ce qui constitue l'organisation d'une église convenablement établie.

Chrétiens réformés des Hautes-Pyrénées ! bien qu'appartenant par votre naissance à des nationalités, qui, comme on le sait, admettent des différences d'un ordre secondaire dans la forme du culte et du gouvernement ecclésiastique, vous avez été invités à vous unir sous l'économie d'une même foi dont l'expression a été rédigée dans les termes les plus simples, les plus élémentaires et, nous pouvons aussi le dire, les plus évangéliques.

Voici l'acte constitutif de l'Eglise protestante des Hautes-Pyrénées :

« Les chrétiens réformés soussignés, habitant le département des Hautes-Pyrénées, jusqu'ici éloignés des grands centres du protestantisme et privés du bienfait d'un culte régulier, bien qu'appartenant par leur naissance à des établissements protestants divers, la question de leur attachement à ces établissements réservée, déclarent s'unir en église, sous l'économie d'une foi commune en Dieu le Père, le Fils et le Saint-Esprit, reconnaissant la chute de l'homme, le salut des pécheurs par le sang de Christ notre Sauveur et notre Dieu, et l'opération du Saint-Esprit pour la régénération et la sanctification des âmes ; acceptant ces vérités, non parce qu'elles sont enseignées des hommes, mais parce qu'elles sont contenues dans la Bible, qui est la Parole de Dieu, seule règle infaillible de notre foi. Dans ce sentiment, les soussignés aviseront à l'administration de leur communauté, dans un esprit de prudence et d'union, tendant une main d'association fraternelle aux membres des diverses branches de l'Eglise universelle de Jésus-Christ, se rattachant aux souvenirs historiques, aux symboles orthodoxes, aux formes liturgiques des anciennes Eglises réformées de France, et se réservant de s'unir ultérieurement, en ce qui concerne l'organisation et la discipline, à ceux des établissements actuels qui en seront la plus fidèle expression (1). »

Ce fait ainsi accompli par le consentement individuel, libre et consciencieux de vous tous, nous pouvons aujourd'hui appeler notre alliance évangélique : l'Eglise chrétienne Protestante des Hautes-Pyrénées, en constatant son existence avec joie et actions de grâces à Dieu ; et comme dans cet établissement vous avez accepté d'une voix unanime et avec une confiante affection, celui qui s'offrait à vous pour vous diriger dans les voies de la vérité et du salut, selon les enseignements de l'Evangile, fidèles de cette Eglise, mes frères et mes amis, écoutez aujourd'hui la voix de votre pasteur.

(1) Cette dernière réserve est motivée sur ce fait, que l'organisation et la discipline des églises réformées de France sont remises en question depuis la tenue du synode de 1848, et dans l'attente d'une loi organique nouvelle.

Je commencerai par vous rappeler les bases et les doctrines positives de notre foi protestante, sur laquelle l'isolement dans lequel la plupart d'entre vous ont vécu pendant plusieurs années aurait pu jeter quelque vague.

Nous nous appelons *protestants*, parce que nous protestons, comme nos pères l'ont fait depuis plusieurs siècles, contre les altérations déplorables qui, d'âge en âge, ont été introduites dans la sainte vérité du christianisme.

Nous portons le nom de *réformés*, parce que notre religion n'est point une doctrine nouvelle, mais un simple retour au christianisme tel qu'il fut enseigné dans l'origine par Jésus-Christ lui-même. Le christianisme primitif ayant été déformé pendant les siècles ténébreux du moyen-âge, nous nous efforçons de le *réformer*, c'est-à-dire de le rétablir sur son antique et inébranlable fondement qui est l'Evangile (1).

Nous sommes *catholiques* et *apostoliques*.

---

(1) Le mot est pris ici dans son sens le plus général, savoir : l'ensemble des doctrines et des préceptes du Nouveau-Testament.

Catholiques (1)..... Nous ne sommes disciples ni de Luther, ni de Calvin, ni des Pères, ni des Papes, ni de saint Pierre, ni de saint Jean ; nous ne sommes et ne voulons être disciples que de Jésus-Christ, seul chef de l'Eglise universelle répandue en tous lieux sur la terre et dans les cieux, qui n'appartient ni à un temps, ni à un lieu particulier ; mais qui se trouve partout où deux ou trois âmes sincères s'unissent, au nom du Seigneur, dans une même foi et une même espérance, le Seigneur leur ayant promis de se trouver au milieu d'elles pour les éclairer et les bénir.

Apostoliques..... parce que nous acceptons la doctrine de l'Evangile telle que les apôtres l'ont annoncée, et telle qu'ils l'ont pratiquée, comme nous le voyons dans le livre de leurs actes et dans leurs épîtres, désirant rétablir et conserver dans notre Eglise le caractère de fidélité courageuse, de sainteté et de charité qui distingua l'Eglise primitive qu'ils administrèrent.

Mais le titre que nous désirons surtout jus-

(1) Le mot *catholique* est d'origine grecque, et signifie *universel*.

tifier est celui de *chrétiens évangéliques. Chrétiens*, puisque nous croyons en Jésus-Christ comme en notre seul Sauveur et intercesseur auprès du Père. *Evangéliques*, parce que la règle de notre foi et de notre conduite est toute consignée dans l'Evangile.

Nous mettons à la base de tous nos enseignements le double principe de *l'autorité* et de *l'examen*.

Nous reconnaissons *l'autorité* de la Parole de Dieu contenue dans l'Ancien et le Nouveau-Testament.

Nous soumettons à l'épreuve de *l'examen* tous les enseignements qui viennent des hommes.

Notre foi consiste donc à croire à la Parole de Dieu et à ne croire aux enseignements humains, aucun homme n'étant infaillible, qu'autant qu'ils sont parfaitement conformes à la Parole de Dieu.

Notre devise peut se résumer ainsi :
LA BIBLE, TOUTE LA BIBLE, RIEN QUE LA BIBLE.

L'exposition rapide qui va suivre n'est qu'un résumé de ce qui nous paraît le plus essentiel et le plus vital dans les enseignements de l'Evangile constitutif de notre foi protestante.

Nous rédigeons ce court exposé, non pour l'imposer à nos frères, car en le faisant nous renierions le principe que nous venons d'établir, mais avec l'humble confiance que nous reproduisons des croyances à la fois communes à toutes les églises protestantes, et conformes aux déclarations les plus positives de la Parole de Dieu.

Protestants évangéliques, nous croyons en un Dieu invisible, tout-puissant, éternel, infiniment sage, saint, juste, miséricordieux et bon, manifesté au monde comme Père, Fils et Saint-Esprit, un seul et unique Dieu béni éternellement (1).

Nous croyons que Dieu, dans l'intérêt de sa gloire, nous a donné la vie, le mouvement et l'être : nous douant d'une âme personnelle, intelligente, immortelle, nous appelant au bonheur présent et à venir par l'exercice du bien et la soumission à sa sainte et paternelle volonté (2).

Nous croyons que Dieu fait connaître cette volonté suprême et parfaite à tous les hommes par la voix de la conscience; mais d'une ma-

(1) Jean, V, 7. — (2) Gen., I, 11.

nière plus directe, plus détaillée et plus sûre par les révélations bibliques (1).

Nous croyons que tous les hommes, sans en excepter un seul, sont pécheurs, entretenant dans leurs cœurs des penchants, qui, s'ils ne sont changés par le renouvellement intérieur, que la Parole de Dieu appelle la régénération ou la *conversion*, les conduisent à une démoralisation plus grande encore et à leur perte finale (2).

Nous croyons que le péché, c'est-à-dire la désobéissance à la volonté de Dieu, sous quelque forme qu'elle se manifeste, mérite et encourt la juste sentence de Dieu, le mal moral ne pouvant produire de sa nature que la disgrâce et le malheur.

Nous croyons que Dieu, ayant trouvé tous les hommes dans cet affreux état, a eu pitié de leurs ténèbres, de leurs souillures et de leur malheur. Afin de les sauver en leur faisant grâce, et afin de ne point affaiblir par leur pardon l'autorité souveraine de la loi morale, Dieu a donné Jésus-Christ au monde (3).

---

(1) Rom., II, 14, 15. 2 Tim., III, 16, 17. —
(2) Rom., I, II, III. — (3) Jean, III, 16.

Nous croyons que Jésus-Christ a réuni, en sa mystérieuse personne, toute la plénitude de la divinité et la nature parfaite de l'homme (1).

Dieu, il a porté les noms incommunicables, participé aux perfections infinies, coopéré aux œuvres merveilleuses du Père.

Homme, il est né par le pouvoir miraculeux de l'Esprit saint, qui est l'auteur de la vie, dans le sein d'une vierge, Marie de Bethléem.

Dieu, il a été parfait et saint en toutes choses; homme, il s'est dévoué, il a volontairement souffert et il est mort.

Par sa mort, Jésus-Christ, innocent et juste, satisfait à la loi pour les pécheurs : il devient leur garant, leur avocat, leur rédempteur; et la justice divine, satisfaite en lui, accorde la délivrance et le salut à tous ceux qui s'attachent à lui par une foi sincère (2).

Nous croyons que Jésus-Christ seul sauve et rachète, complètement et pour toujours, ceux qui mettent leur confiance en lui (3); mais nous ne reconnaissons à aucun homme l'autorité de pardonner au nom de Dieu les péchés

---

(1) Jean, I. 1 Tim., III, 16. — (2) Esaïe, LIII, 5, 6. Rom., VIII, 3. — (3) Actes, XVI, 31. Héb., X, 43.

de leurs frères; nous croyons que le salut est une pure grâce de Dieu que nous ne pouvons acheter ni avec de l'or, ni avec de l'argent, ni même par aucun mérite de notre part; car si, dans quelque mesure, les hommes peuvent mériter l'estime, la considération de la part de leurs semblables, il nous est impossible de nous appuyer sur nos mérites devant le Dieu souverain qui connaît le fond de nos cœurs et dont les yeux sont trop purs pour voir le mal (1).

Les bonnes œuvres que peuvent et que doivent faire les chrétiens sont en eux, non la cause *méritante* (2) de leur salut, car s'ils pouvaient se sauver eux-mêmes, c'est en vain que Jésus-Christ serait venu au monde; mais elles sont la manifestation et le témoignage de la sincérité et de la valeur réelle de leur foi, la foi sans les œuvres étant morte (3). Le pécheur, vaincu par l'amour de Dieu, absous et pardonné par le sacrifice de Jésus-Christ, ne vit plus sous une économie de terreur et de crainte (4); mais il entre dans une économie de reconnaissance et d'amour, il ne voit plus

---

(1) Eph., II, 8. — (2) Gal., II, 16. — (3) Jacques, II, 20. — (4) Rom., VIII, 1. 1 Thes., V, 9.

en Dieu un juge irrité, mais un *Père* (1); désormais ses devoirs deviennent de doux priviléges; chaque jour il fait des progrès dans le service de Dieu, l'amour des hommes, et le développement de sa propre âme perfectible et immortelle.

Mais, comme il est de sa nature faible et faillible, Dieu lui prête et lui multiplie les lumières, les encouragements, les consolations et les secours du Saint-Esprit (2). Comme nous croyons que Dieu, après avoir créé le monde physique, le soutient et le conserve par sa Providence, nous croyons aussi que Dieu soutient, conserve et fait progresser le monde moral par l'influence de l'Esprit saint : celui-ci agissant, non comme autrefois, lors du premier établissement du christianisme, par des interventions miraculeuses qui bouleversaient l'ordre de la nature, mais par des moyens naturels et ordinaires qu'il fait concourir aux vues de sa bonté et de sa sagesse infinie (3).

Nous croyons que Dieu s'est formé sur la terre un peuple ou une Eglise (4) qui est com-

---

(1) Rom., VIII, 14-17. — (2) Ezéch., XXXVI, 25-32. — (3) Gal., V, 22. — (4) Eph., V, 23-30.

posée de tous ceux qui croient sincèrement en Jésus-Christ et qui s'efforcent de vivre selon ses préceptes et d'imiter son exemple, quelles que soient d'ailleurs les diversités des nationalités politiques et des sectes religieuses qui les distinguent (1). Nous croyons que cette Eglise n'est point limitée par des institutions humaines, mais qu'elle a pour chef unique Jésus-Christ lui-même, qui, seul, sait infailliblement qui sont ceux qui lui appartiennent réellement. Nous croyons que cette Eglise, vraiment catholique ou universelle, doit rendre témoignage à la gloire de son Chef, par ses progrès, sa pureté et sa charité.

Nous reconnaissons que, dans l'intérêt de l'ordre et des progrès de la vérité, Dieu a établi un ministère humain (2) : mission toute fraternelle, instituée, non pour opprimer, mais pour éclairer les consciences. Ce que saint Pierre exprime par ces paroles : *Pasteurs, paissez le troupeau de Dieu qui vous est confié, veillant sur lui, non par contrainte, mais volontairement ; non pour un gain déshonnête, mais par affection ; non comme ayant domination sur*

(1) Actes, X, 35. — (2) Eph., IV, 11.

les héritages du Seigneur, mais en devenant les modèles du troupeau (1).

Nous croyons qu'il est agréable à Dieu que nous nous réunissions à nos frères dans l'acte du culte public ; mais la Parole de Dieu demande que ce culte soit sincère, spirituel, intelligible pour tous, dépouillé de formes idolâtriques, propre à l'instruction et à l'édification (2).

Le baptême, que nous conférons à nos enfants au nom du Père, du Fils et du Saint-Esprit, ne devient un signe de salut qu'autant qu'il est accompagné de l'engagement d'une bonne conscience devant Dieu (3).

La communion, que nous célébrons en mémoire de Jésus-Christ, est un acte fraternel de foi, de repentance, d'union chrétienne et de salutaires résolutions (4).

La vie est le temps d'épreuve dans lequel nous devons nous préparer au ciel par une lutte incessante contre l'ignorance, l'égoïsme, la sensualité, l'incrédulité, et en un mot le péché ; la mort est l'événement suprême qui termine notre exil, elle est suivie du jugement qui nous

(1) 1 Pierre, V, 1-3. — (2) Jean, IV, 21-24. — (3) 1 Pierre, III, 21. — (4) Phil., II, 1-4.

introduit sans intermédiaire (1) dans le lieu dont notre vie a marqué le choix : chacun étant jugé selon ses œuvres (2). Le ciel est la patrie du chrétien où il vivra au siècle des siècles, heureux de connaître Dieu, d'obéir à ses volontés et de s'unir à ses frères, dans un saint et inaltérable amour (3).

Voilà vos croyances chrétiennes, dans lesquelles vous vous fortifierez de plus en plus, frères et amis, à mesure que vous vous pénètrerez davantage des grands enseignements que Dieu vous donne par la direction de sa paternelle providence, par l'expérience de la vie et par les révélations de sa Parole.

Cette foi saine et glorieuse, confessez-la hautement ; n'ayez jamais honte de Celui qui vous appelle à partager ses gloires. Il se peut qu'après cette profession franche et persévérante de vos convictions évangéliques, on dise encore de vous que vous ne croyez à rien, comme on a pu le faire dans des lieux qui ne devraient jamais retentir que de paroles de paix et de bénédiction ; je ne vous dirai point de mépriser

(1) Hébr., IX, 27. — (2) Rom., II, 6-9. — (3) Jean, XIV, 2, 3.

ces imputations injustes, mais plutôt je vous dirai : Sachez en faire votre profit en veillant avec plus de soin sur vous-mêmes. Démentez ces assertions calomnieuses en prouvant la sincérité de votre foi, la supériorité des principes qui vous dirigent, par une vie plus pure, plus honorable, plus utile. Ne vous contentez pas de porter le nom de chrétien ; mais justifiez ce beau titre par une vie vraiment chrétienne. La religion n'est ni une vaine forme, ni une stérile profession, ni une affaire d'habitude et de convenance ; elle est une consolation efficace, une conseillère fidèle, une directrice persévérante ; qu'elle dirige tout, qu'elle préside à tout, qu'elle sanctifie, qu'elle embellisse, qu'elle réjouisse tout. Soyez chrétien en tout et toujours, dans la prospérité et dans l'affliction, dans le repos et dans la vie active, dans la solitude et dans le mouvement du dehors.

Citoyens, que votre patriotisme se manifeste non par l'agitation et le bruit, non en fomentant dans vos cœurs et autour de vous de coupables passions, mais en donnant l'exemple du respect pour les institutions et les lois du pays, en répandant autour de vous des lumières, des consolations et des bienfaits : disciples du Prince de paix, soyez des hommes de paix ; affranchis de Jésus-Christ, respectez la liberté de vos frères, aimez le pays qui vous a reçus, soyez reconnaissants pour ce peuple au sein duquel, la plupart de vous, étrangers, avez obtenu le droit de bourgeoisie, et, en travaillant activement à sa vraie prospérité, priez avec ferveur pour le repos du monde.

Chefs de famille, resserrez les liens sacrés de la famille, dirigez vos enfants dans les sentiers de la vertu, de l'honneur et de la piété ; que ce sanctuaire, béni par tant de joies intimes, devienne un temple d'où s'exhale chaque jour l'encens de la prière et de l'action de grâces. Exercez auprès de ceux qui vous entourent, un sacerdoce saint et précieux, en les nourrissant chaque jour de la lecture et de la méditation de cette Parole divine, hors de laquelle tout redevient ténèbres et confusion.

Jeunes gens, respectez ceux qui, vous ayant devancés dans la carrière, ont sur vous tout l'avantage et toute la supériorité que donne l'expérience de la vie. Prouvez votre foi par le soin que vous mettez à honorer, à soulager, à seconder les parents que Dieu vous a conservés dans son amour.

Chrétiens, supportez-vous, pardonnez-vous, unissez-vous, aimez-vous tendrement les uns les autres comme Jésus-Christ vous a aimés. Ayez pitié de ceux qui souffrent, contemplez la misère du peuple, sondez-en la profondeur, non pour l'irriter par une stérile pitié, mais pour vous appliquer avec plus de soin à la guérir selon la mesure de votre intelligence et de vos ressources.

Chrétiens, ne vous arrêtez pas à ce soulagement des misères physiques, rappelez-vous qu'il y a dans le monde moral des plaies bien plus profondes, bien plus hideuses encore. Faites briller votre lumière devant les hommes, proclamez le glorieux et sanctifiant principe du christianisme tel qu'il vous a été transmis par la Parole de Dieu, abstenez-vous de ce prosélytisme étroit, mesquin, inquiétant, oppresseur, séducteur, si opposé à l'esprit du vrai protestantisme; mais forcez les intelligences et les cœurs à reconnaître la vérité de l'Evangile de salut, par la douce contrainte de la persuasion, du raisonnement, de l'exemple, de la prière et de l'amour.

Vous habitez un pays dont la population professe un culte différent de celui dans lequel vous êtes nés ou que vous avez embrassé par votre libre choix. La fidélité chrétienne ne vous permet pas de confondre des principes qui, à plusieurs égards, diffèrent profondément; mais la charité évangélique vous commande de confondre dans un même sentiment d'amour ceux qui les professent; ne vous lassez donc pas de les aimer et de le leur prouver par un infatigable dévouement, par un tendre support, par une fraternité active et sincère.

Chrétiens, soyez des hommes de progrès. Je veux parler du progrès dans la connaissance de la vérité, dans la pratique du bien, dans l'exercice de la charité, dans la vie intérieure de la conscience. Ne présumez pas de vous-même; ne croyez pas n'avoir plus rien à faire parce que vous avez accepté un principe fécond, vrai et éternel. Réformés, réformez-vous constamment! Gardez-vous de l'orgueil spirituel, le pire de tous; gardez-vous de l'égoïsme, gardez-vous de la passion des intérêts matériels qui perd le monde, gardez-vous du formalisme qui éteint le culte du cœur, gardez-vous de l'hypocrisie qui tue la religion, gardez-vous du sensualisme qui empoisonne la vie présente, gardez-vous de l'incrédulité et de l'irréligion qui ferme l'accès de la vie à venir. Vivez et agissez comme des enfants de lumière, des rachetés du Christ, des citoyens du ciel.

Etrangers et voyageurs ici-bas, unissons-nous sur la terre et donnons-nous rendez-vous dans le ciel. Que le Dieu de toute grâce, qui nous appelle à sa gloire éternelle, en Jésus-Christ, après que nous aurons été éprouvés pour un peu de temps, vous perfectionne, vous affermisse, vous fortifie et vous rende inébranlables (1).

La paix soit avec vous tous qui êtes en Jésus-Christ.

(1) 1 Pierre, V, 10.

Emilien FROSSARD, *pasteur*.

Bagnères-de-Bigorre, le 17 mars 1850.

www.ingramcontent.com/pod-product-compliance
Lightning Source LLC
Chambersburg PA
CBHW060454050426
42451CB00014B/3318